12
9
3
6

„spielen und lernen“
Mein erstes Wörter-Bilder-Buch in 3 Sprachen
Deutsch · Englisch · Französisch

Rabe Jakob und Illustrationen: Irmgard Eberhard

Druck und Bindung: L.E.G.O., Italien

ISBN 3-89858-249-3

Jakob

Maxi

Mein erstes Wörter-Bilder-Buch in 3 Sprachen

- Deutsch
- Englisch
- Französisch

der Kopf
the head
la tête
der Arm
the arm
le bras
das Bein
the leg
la jambe
die Hand
the hand
la main
der Bauch
the belly
le ventre
das Knie
the knee
le genou
der Fuß
the foot
le pied

Im Badezimmer

In the bathroom

Dans la salle de bains

der Waschlappen
the flannel
le gant de toilette

die Seife
the soap
le savon

der Schwamm
the sponge
l'éponge

das Handtuch
the towel
la serviette

der Becher
the beaker
le gobelet

die Zahnbürste
the toothbrush
la brosse à dents

die Zahnpasta
the toothpaste
le dentifrice

der Kamm
the comb
le peigne

die Haarbürste
the hairbrush
la brosse à cheveux

das Waschbecken
the washbasin
le lavabo

das Klopapier
the toilet paper
le papier toilette

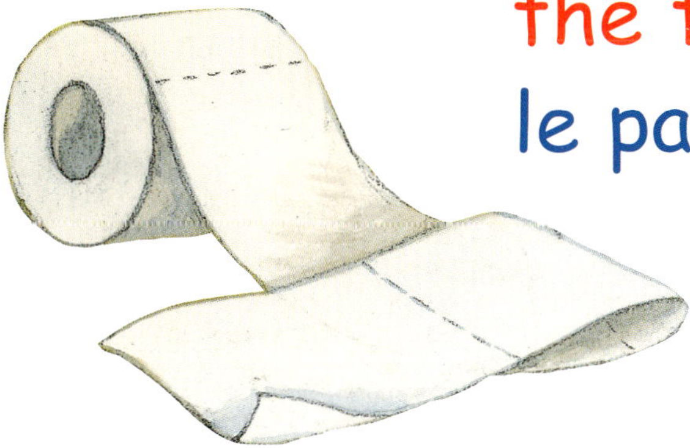

das Töpfchen
the potty
le pot

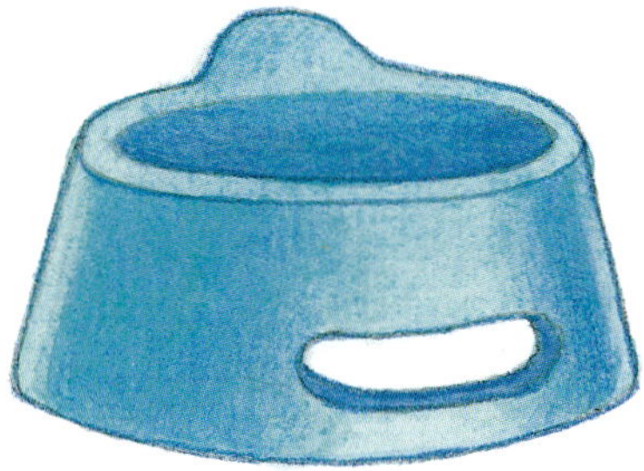

Die Kleidung

The clothes

Les habits

das Unterhemd
the vest
le maillot

die Unterhose
the underpants
le slip

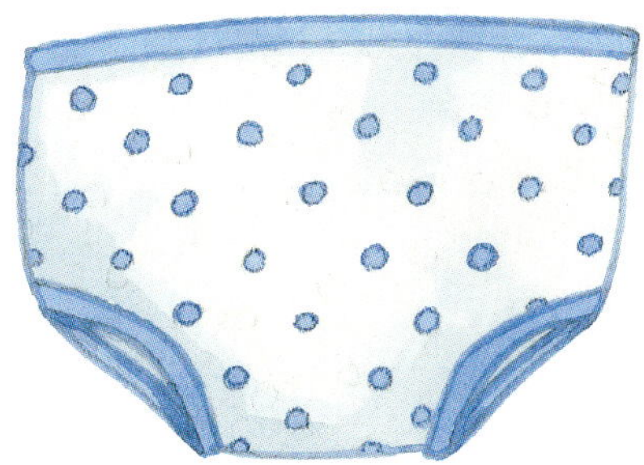

der Pullover
the sweater
le pull-over

die Hose
the trousers
le pantalon

die Socke
the sock
la chaussette

der Schuh
the shoe
la chaussure

die Mütze
the wooly hat
le bonnet

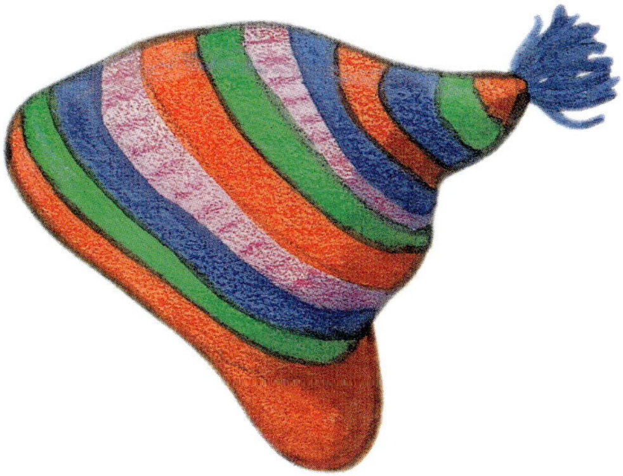

der Schal
the scarf
le cache-nez

Malen und basteln

Painting and handicraft

Dessiner et bricoler

Mo Di Mi Do Fr Sa So
1 2 3 4 5 6 7
8 9 10 11 12 13 14

die Farbe
the paint
la peinture

der Pinsel
the paintbrush
le pinceau

der Buntstift
the colouring pencil
le crayon de couleur

die Wachsmalkreide
the crayon
le crayon gras

der Klebstoff
the glue
la colle

das Papier
the paper
le papier

die Kette
the string of beads
le fil à perles

die Perle
the bead
la perle

Einkaufen

Shopping

Faire des achats

HUNDE bitte draußen warten!
DANKE
FEINKOS
Paprika
6 Eier
Paprika
Milch

der Geldbeutel
the purse
le porte-monnaie

das Geld
the money
l'argent

die Tasche
the bag
le sac

die Banane
the banana
la banane

die Birne
the pear
la poire

die Orange
the orange
l'orange

der Apfel
the apple
la pomme

die Tomate
the tomato
la tomate

die Gurke
the cucumber
le concombre

die Paprika
the red pepper
le poivron

die Möhre
the carrot
la carotte

In der Küche

In the kitchen

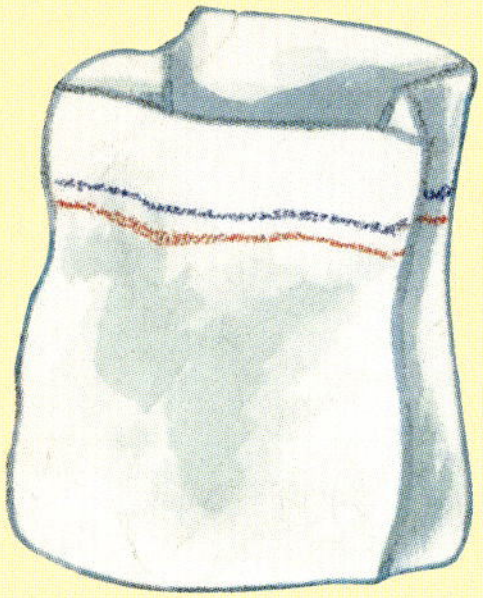

Dans la cuisine

die Nudeln
the pasta
les pâtes

der Topf
the pot
la casserole

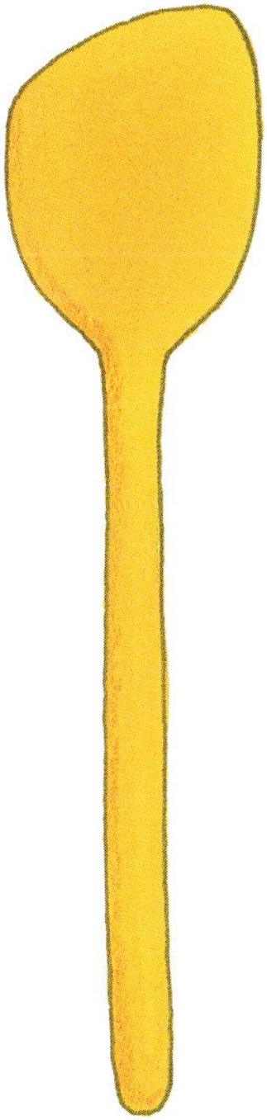

der Topflappen
the potholder
la manique

der Kochlöffel
the wooden spoon
la cuillère en bois

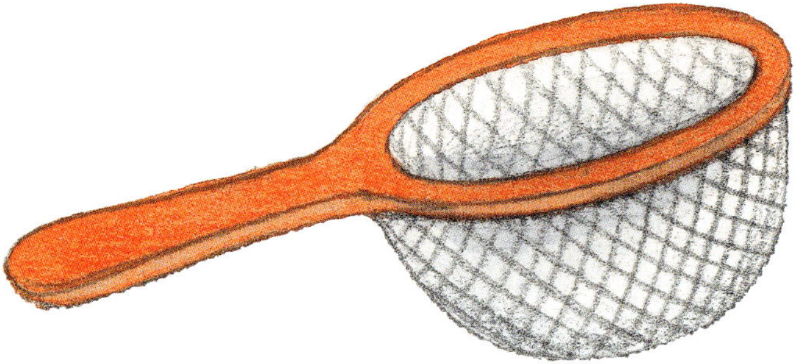

das Sieb
the sieve
la passoire

der Salat
the salad
la salade

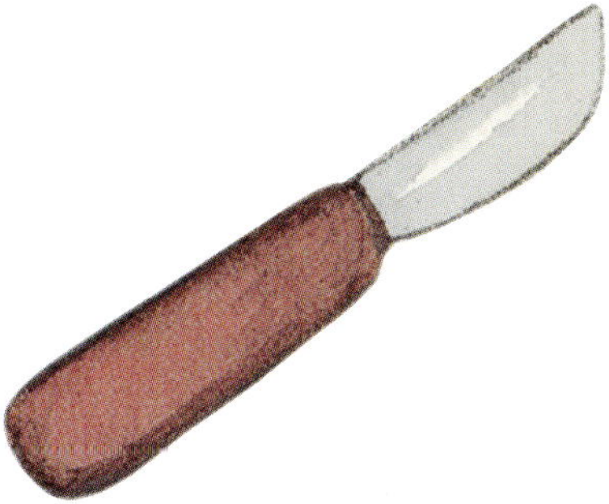

das Messer
the knife
le couteau

die Schüssel
the bowl
la coupe

Das Essen

The meal

Le repas

Mo Di Mi Do Fr Sa So
1 2 3 4 5 6 7
8 9 10 11 12 13 14

die Gabel
the fork
la fourchette

der Löffel
the spoon
la cuillère

der Teller
the plate
l'assiette

das Lätzchen
the bib
la bavette

die Tasse
the cup
la tasse

die Flasche
the bottle
la bouteille

der Stuhl
the chair
la chaise

der Tisch
the table
la table

Am Strand

At the beach

A la plage

die Kappe
the cap
la casquette

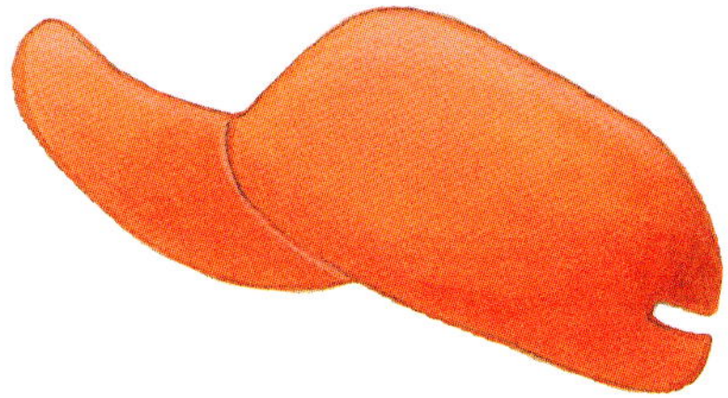

das Boot
the boat
le bateau

das Windrad
the pinwheel
le moulin à vent

der Eimer
the bucket
le seau

die Schaufel
the spade
la pelle

der Sand
the sand
le sable

das Förmchen
the mould
le moule

die Muschel
the seashell
le coquillage

die Feder
the feather
la plume

der Stein
the pebble
le caillou

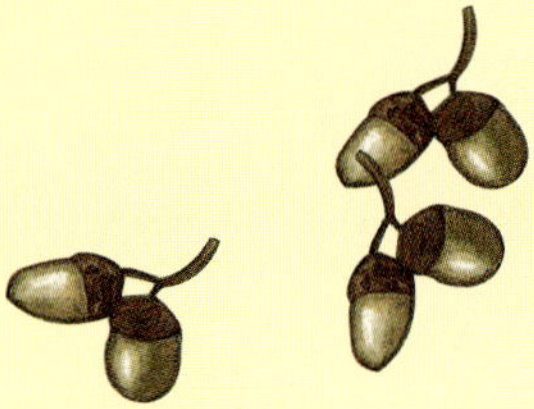

Im Wald

In the woods

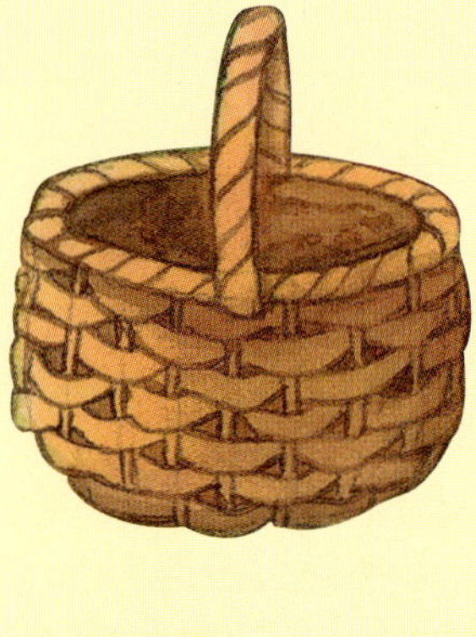

Dans la forêt

der Baum
the tree
l'arbre

das Blatt
the leaf
la feuille

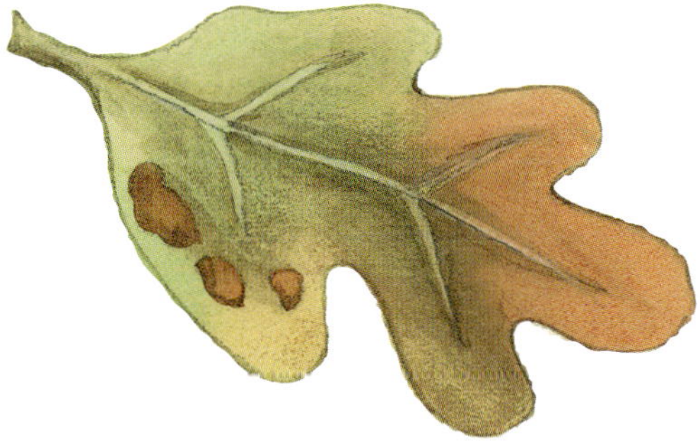

der Tannenzapfen
the fir cone
la pomme de pin

die Ameise
the ant
la fourmi

der Käfer
the beetle
le scarabée

der Pilz
the mushroom
le champignon

das Gras
the grass
l'herbe

Im Bett

In bed

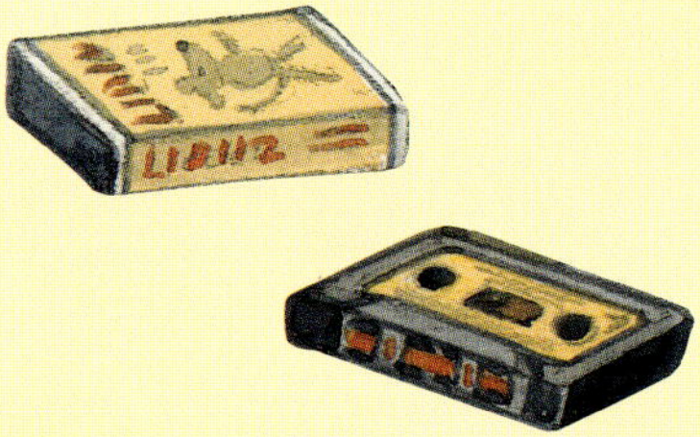

Au lit

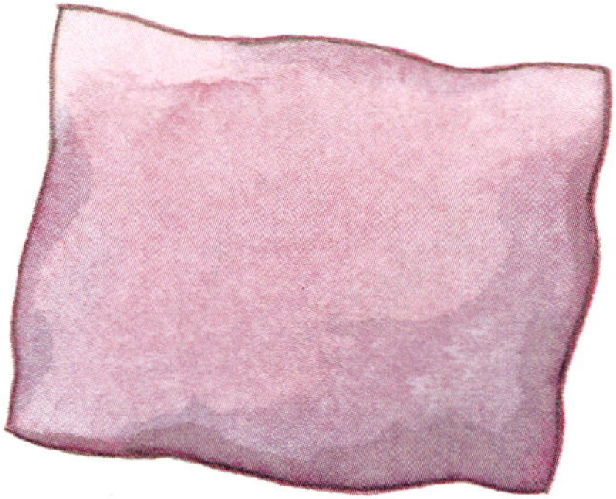

das Kissen
the pillow
l'oreiller

die Bettdecke
the duvet
le duvet

der Schnuller
the dummy
la tétine

der Bär
the bear
l'ours

das Buch
the book
le livre

der Wecker
the alarm clock
le réveil

der Stern
the star
l'étoile

Aussprache

Besonderheiten im Englischen

ß gelispeltes s

Aussprache von „the": ße
vor Selbstlaut: ßi

Besonderheiten im Französischen

ã ẽ õ durch die Nase gesprochen
(d)sch stimmhaft weich wie in „Genie"
Aussprache von „le/la/les": lö/la/le
Betonung der Wörter auf der letzten Silbe

---

head — häd
tête — tät

arm — aam
bras — bra

leg — leg
jambe — (d)schãmb

hand — händ
main — mẽ

belly — belli
ventre — vãtr

knee — nii
genou — (d)schönu

foot — fut
pied — pjee

In the bathroom — in ße baaßrum
Dans la salle de bains — dã la ssall dö bẽ

flannel — flänl
gant de toilette — gã dö twalätt

soap — ssoup
savon — ssavõ

sponge — spandsch
éponge — epõ(d)sch

towel — tauel
serviette — sserwjätt

beaker — biiker
gobelet — goblä

toothbrush — tuußbrasch
brosse à dents — brossa dã

comb — koum
peigne — pänj

hairbrush — härbrasch
brosse à cheveux — brossa schövö

washbasin — woschbäisn
lavabo — lavabo

toilette paper — toilit päiper
papier toilette — papjee twalätt

potty — potti
pot — po

The clothes — ße kloußs
Les habits — le sabi

vest — west
maillot — majo

underpants — anderpänts
slip — slip

sweater pull-over	sweter pülowär
trousers pantalon	trausers pãtalõ
sock chaussette	ssock schossätt
shoe chaussure	schuu schossür
wooly hat bonnet	wuli hät bonä
scarf cache-nez	skaaf kaschnee

Painting and handicraft — päinting änd händikraaft
Dessiner et bricoler — dessinee e brikolee

paint peinture	päint pẽtür
paintbrush pinceau	päintbrasch pẽsso
colouring pencil crayon de couleur	kalläring pennssl kräjõ dö kulör
crayon crayon gras	kräijen kräjõ gra
glue colle	gluu koll
paper papier	päiper papjee
string of beads fil à perles	string of biids fila pärl
bead perle	biid pärl

Shopping — schopping
Faire des achats — fär de sascha

purse porte-monnaie	pöös portmonä
money argent	manni ar(d)schã
bag sac	bäg ssak
banana banane	bönaane banan
pear poire	päer pwar
orange orange	orindsch orã(d)sch
apple pomme	äppl pom
tomato tomate	tömaatou tomat
cucumber concombre	kjuukömber kõkõmbr

red pepper poivron	red pepper pwarõ
carrot carotte	käröt karott

In the kitchen / Dans la cuisine

In the kitchen **Dans la cuisine**	in ße kitschin dã la kwisin
pasta pâtes	päste pat
pot casserole	pott kassrol
potholder manique	potthoulder manik
wooden spoon cuillère en bois	wudn spuun kwijär ã bwa
sieve passoire	ssiw passwar
salad salade	ssälled ssalaad
knife couteau	naif kuto
bowl coupe	boul kup

The meal **Le repas**	ße miil lö röpa
fork fourchette	foork furschätt
spoon cuillère	spuun kwijär
plate assiette	pläit assjätt
bib bavette	bib bawätt
cup tasse	kapp tass
bottle bouteille	bottl butäij
chair chaise	tschär schäs
table table	täibl taabl

At the beach **A la plage**	ät ße biitsch a la plaa(d)sch
cap casquette	käpp kasskätt
boat bateau	bout bato
pinwheel moulin à vent	pinwiil mulẽ a vã

bucket seau	backit ssoo
spade pelle	späid päl
sand sable	ssänd ssaabl
mould moule	mould muul
feather plum	feßer plüm
seashell coquillage	ssiischäll kokijaa(d)sch
pebble caillou	pebl kaijuu

In the woods
Dans la forêt

in ße wuds
dã la forä

tree arbre	trii arbr
branch branche	braantsch brã(d)sch
trunk tronc	trank trõ
leaf feuille	liif föij
fir-cone pomme de pin	fö koun pomm dö pẽ
ant fourmi	änt furmi
beetle scarabée	biitl skarabee
mushroom champignon	maschrum schampinjõ
grass herbe	graas ärb

In bed
Au lit

in bäd
o li

pillow oreiller	pilou oräjee
duvet duvet	duuwäi düwä
dummy tétine	dammi tetin
bear ours	ber urss
book livre	buck liiwr
alarm clock réveil	älaam klock rewäij
star étoile	staar etwal